AF452615

24 Février 1887.

1 prix

VENTE DU JEUDI 24 FÉVRIER 1887

A 2 HEURES

HOTEL DROUOT, SALLE N° 8

OBJETS D'AMEUBLEMENT

ANCIENS

ARMOIRES, TABLES, BIBLIOTHÈQUES, CONSOLES

COMMODES, SIÈGES, PENDULES, ETC.

MEUBLE DE SALON LOUIS XIII

Curiosités — Bronzes — Faïences

ARMES DE CHASSE ET AUTRES

GRAND NOMBRE DE GLACES & CADRES EN BOIS SCULPTÉ

TAPISSERIES ANCIENNES

TABLEAUX — AQUARELLES

Mᵉ P. CHEVALLIER	**M. B. LASQUIN**
COMMISSAIRE-PRISEUR	EXPERT
10, rue Grange-Batelière, 10	12, rue Laffitte, 12

EXPOSITION PUBLIQUE

Le Mercredi 23 Février 1887

DE 1 HEURE A 5 HEURES

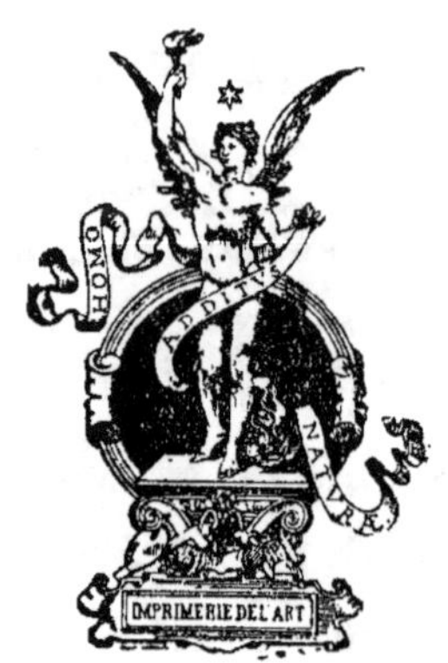
HOMO
NATURÆ
IMPRIMERIE DE L'ART

CONDITIONS DE LA VENTE

Elle sera faite au comptant.

Les acquéreurs payeront en sus des enchéres *cinq pour cent*, applicables aux frais.

L'exposition mettant le public à même de se rendre compte de l'état des objets, il ne sera admis aucune réclamation une fois l'adjudication prononcée.

Paris. Imp. de l'Art, E. Ménard et J. Augry, 41. rue de la Victoire.

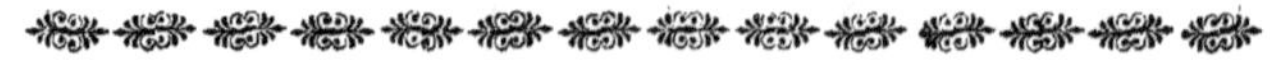

DÉSIGNATION DES OBJETS

MEUBLES ET CURIOSITÉS

1 — Meuble à hauteur d'appui, ouvrant à une porte, en bois de rose. Époque Louis XVI.

2 — Table à ouvrage en palissandre. Époque Louis XVI.

3 — Petite glace psyché en bois de citronnier.

4 — Pendule Louis XIV et son socle de suspension en marqueterie de cuivre.

5 — Pendule Louis XIV en marqueterie.

6 — Deux petites bibliothèques Louis XVI en bois de rose.

7 — Table à ouvrage en bois de rose, à trois tiroirs. Époque Louis XV.

8 — Table Louis XIII à pieds tors, en noyer.

9 — Petit bureau Louis XIII en bois noir incrusté d'ivoire gravé.

10 — Trois petits fauteuils Louis XV.

11 — Grand meuble Henri IV ouvrant à deux portes, avec panneaux taillés à facettes.

12 — Console Louis XIV en bois sculpté, avec dessus de marbre rouge.

13 — Commode Louis XIII en marqueterie de bois, ornée de bronzes.

14 — Six chaises Henri II en noyer, garnies de cuir.

15-16 — Deux commodes Louis XIV en bois sculpté et à moulures, ornées de bronzes.

17 — Pendule Louis XIV en marqueterie de cuivre ornée de bronzes.

18 — Petite console en bois sculpté et doré.

19 — Secrétaire Louis XVI en acajou, surmonté d'un casier et orné de bronzes.

20 — Console Louis XIV en bois sculpté, peint en blanc et doré, à dessus de marbre.

21 — Grande console en acajou, à dessus de marbre blanc. Époque Louis XVI.

22 — Un canapé et six fauteuils Louis XIII.

23 — Deux bois de fauteuils-bergères Louis XVI ancien.

24 — Bois de fauteuil Louis XVI ancien.

25 — Console Louis XVI en bois sculpté, ancienne.

26 — Petite table-console Louis XIII en bois sculpté, ancienne.

27 — Petite table-console Henri II.

28 — Petit modèle de lit Louis XVI ancien.

29 — Petit modèle de lit Empire ancien.

30 — Petit modèle de piano, bois de palissandre et bronze. Commencement du siècle.

31 — Petit modèle de commode-toilette, bois palissandre. Même époque.

32 — Petit modèle de table à volet et tiroir acajou. Même époque.

33 — Petit modèle toilette acajou. Même époque.

34 — Petit modèle de commode acajou, Empire, et petite boîte à dévidoir en bois de rose, Louis XVI.

35 — Petit cabinet architectural à tiroir et panneaux, ornements Renaissance.

36 — Métier à broder au tambour, Louis XVI, et ses accessoires.

37 — Petit coffret-cabinet, bois et marqueterie d'ivoire.

38 — Deux socles-supports, laque de Chine rouge.

39 — Deux soufflets : un Louis XVI et un Empire, bois acajou.

40 — Coffret à odeur, bois décoré or. Genre Boulle.

41 — Panneau religieux, nacre gravée.

42 — Panneau en bois sculpté. Louis XVIII.

43 — Jeu de Tour-du-Roi et petit chevalet en bois.

44 — Deux plateaux en bois décoré. Genre vernis Martin.

45 — Deux porte-bouquets en faïence et deux gros coquillages.

46 — Garniture-nécessaire avec boîte en carton décoré.

47 — Cassolette étain décoré.

48 — Brasero en fer. Louis XIII.

49 — Deux statuettes : mandarins, bois sculpté et doré.

50 — Deux flambeaux Renaissance en cuivre, à ornements.

51 — Deux singes porte-flambeaux en bronze.

52 — Flambeau écran en cuivre. Empire.

53 — Coffret - pelote en bois, garni de cuivre repoussé.

54 — Bronze : cigogne, serpent et lézard, superposés.

55 — Deux peignes de crinières Louis XIII et Louis XIV.

56 — Petit bronze applique.

57 — Trois pièces en bronze, une cuvette de flambeau, une applique et une poignée de couteau de chasse.

58 — Quatre petites statuettes en bronze.

59 — Trois pièces en fer et une statuette : Napoléon, bronze.

60 — Deux gros boutons de porte, cuivre repoussé et ciselé du xvie siècle.

61 — Deux bustes en bronze : Jeune fille et Béranger.

62 — Deux flambeaux et une lampe en cuivre.

63 — Lot, entrée de serrure, poignée et tirette, cuivre et étain.

64 — Miroir optique, à gravure, bois tourné. Louis XVI.

65 — Deux peintures sur panneaux, bouquet fleurs.

66 — Deux peintures sur vélin, vase de fleurs.

67 — Deux panneaux, personnage religieux, brodés.

68 — Deux petites peintures sur toile, portrait femme et paysage.

69 — Deux peintures religieuses sur panneaux en bois.

70 — Panneau brodé, personnage religieux et ornements.

71 — Cinq colonnes torses, bois sculpté et doré.

72 — Lot, divers, bois sculpté (fragment).

73 — Quatre cadres en bois doré.

74 — Trois cadres, bois sculpté et doré.

75 — Quatre supports, porte-embrasses en fer forgé.

76 — Grand vase forme Médicis, à godrons et deux anses, en ancienne faïence de Nevers, à décor bleu, médaillons de paysages et ornements, avec socle orné de cariatides en bois sculpté.

77 — Deux lampes en porcelaine du Japon.

78 — Deux grands vases Louis XVI, en biscuit.

79 — Deux statuettes en faïence ancienne : le Marchand de coco et la Marchande de poissons.

80 — Petite pendule Louis XV, en bronze doré, à terrasse ornée d'une figurine en vieux Chine et branchages, garnis de fleurettes de porcelaine.

81 — Buste de femme du temps de Louis XV, en terre cuite.

82 — Paire de girandoles en bronze doré, à deux lumières. Époque Louis XVI.

83 — Coffret gothique, porte-missel en fer découpé.

84 — Rouet Louis XIII, en bois tourné.

85 — Croix dite de Jérusalem.

86 — Triptyque gréco-russe.

87 — Narguileh en argent.

88 — Pipe à opium, en galuchat.

89 — Deux groupes indiens, en albâtre.

90 — Deux petites bouteilles en porcelaine de Chine, montées en argent.

91 — Deux pièces : un cornet et un pistolet en verre de Bohême.

92 — Cabaret solitaire, composé de trois pièces en porcelaine tendre de Sèvres.

93 — Assiette en porcelaine tendre de Sèvres.

94 — Deux statuettes de Madone. Époque Louis XIII.

95 — Deux miniatures : portraits d'hommes, avec cadres anciens en filigrane d'argent.

96 — Cabaret en marqueterie de travail espagnol.

97 — Deux salières en agate orientale.

98 — Deux boîtes en émail de Saxe.

99 — Boîte en porcelaine tendre moderne.

100 — Trois pièces en ancien émail cloisonné de Chine.

101 — Deux groupes en terre cuite, sujets tirés de la Comédie italienne.

ARMES DE CHASSE ET AUTRES

102 — Fusil double, calibre 20 à broche, entièrement de Paris, canons de Léopold Bernard.

103 — Fusil double, calibre 20, à percussion cen-
trale, entièrement de Paris, canons de Léopold
Bernard.

104 — Fusil double, calibre 20 à broche, entièrement de Paris, canons de Léopold Bernard.

105 — Fusil double, système Wetterli.

106 — Deux fusils japonais, à mèche.

107 — Trois sabres japonais.

108 — Sabre chinois.

109 — Casque japonais, avec grand bavolet en
drap.

110 — Sabre de marine, lame en Damas.

111 — Couteau de chasse gravé.

112 — Autre couteau de chasse avec croix ciselée.

113 — Flissah arabe avec fourreau en argent et
velours.

114 — Grand flissah arabe à fourreau de bois.

115 — Sabre avec garde à trois branches, à char-
nières.

116 — Sabre turc, fourreau garni en argent doré.

117 — Fourreau de sabre turc garni en argent doré.

118 — Fusil de tir suisse avec canon en fer ciselé.

119 — Épée Louis XVI à poignée ajourée en acier.

120 — Épée Louis XVI à garde et poignée en acier taillé à facettes.

121 — Épée Louis XVI avec pommeau et garde en argent.

122 — Beau pistolet à rouet, à canon doré.

GLACES ET CADRES EN BOIS DORÉ

123 — Glace Louis XV, de forme cintrée, à fronton en bois sculpté et doré à guirlandes.

124 — Glace Louis XVI, à bordure en bois sculpté et doré, avec fronton à médaillon au milieu de rinceaux de feuillages.

125 — Glace Louis XIV, à bordure de forme cintrée, en bois sculpté et doré.

126 — Trumeau de glace de forme contournée, composé d'ornements rocailles avec fronton en bois sculpté et doré.

127 — Grand cadre Louis XVI à moulures de feuil-

lages avec rosaces aux angles, en bois sculpté
et doré.

128 à 168 — Environ cent cadres anciens de toutes
dimensions, pour glaces, tableaux, médaillons,
en bois sculpté et doré à ramages.

169 — Environ 120 mètres de baguettes Louis XVI
en bois doré.

170 à 180 — Environ trente consoles d'appliques
de diverses dimensions, en bois sculpté et doré
des XVIIᵉ et XVIIIᵉ siècles.

181 — Grande glace cintrée du haut, à bordure
surmontée d'un fronton en bois sculpté et doré
à guirlandes et corbeilles.

182 — Grande glace Louis XIV à bordure d'enrou-
lements, avec fronton surmonté d'un oiseau, en
bois sculpté et doré.

183 — Glace Louis XVI, de forme cintrée, à fronton composé de rinceaux en bois sculpté et
doré.

184 — Glace Louis XVI à fronton de rinceaux en
bois sculpté et doré.

TAPISSERIES ET ÉTOFFES

185 à 194 — Dix tapisseries anciennes à sujets de verdure et à personnages.

195-196 — Deux tapisseries verdure.

197 — Autre plus petite.

198-199 — Deux belles chapes en soierie du temps de Louis XIV.

TABLEAUX

---

200 — **Barret**. *Paysage.*

201 — **Coignard**. *Trois Vaches dans un pré.* Forme ovale.

202 — **Courbet** (Attribué à). *Marine, barque échouée.*

203 — **Doré (Gustave)**. *Château en ruines, bords du Rhin.*

204 — **École moderne**. *Étude de forêt.* Signée : Th. R.

205 — **École moderne**. *Marine avec falaises.*

206 — **École moderne**. *Portrait de Eug. Delacroix.*

207 — **École moderne**. *Maison à l'entrée d'un parc.* Signé : Corot.

208 — **École moderne**. *Troupeau de moutons dans la montagne.* Signature fausse de Marilhat.

209 — **École moderne**. Deux paysages en hauteur. Fausses signatures de Corot.

210 — **École moderne**. *Femme en buste, costume Louis XIII.*

211 — **École française**. *Mars et Vénus.*

212 — **École flamande**. *Villageois attablés devant une auberge.*

213 — **École flamande**, xvie siècle. *Un Baptême.*

214 — **Feyen-Perrin**. *La Muse de Béranger.* Dessin.

215 — **Girardet** (**Karl**). *Lac suisse.*

216 — **Lansyer**. *Le Pont du Ris à Douarnenez.*

217 — **Leconte** (**Édouard**). *Laveuses au bord d'une rivière.*

218 — **Eude**. *Paysage (Cernay).*

219 — **Rousseau** (**Adrien**). *Paysage.*

220 — **Serve** (**A. de La**). *Descente de croix.*

221 — **Van Hollem**. Deux marines (pendants).

222 — Sous ce numéro, cinq tableaux divers : *Mise au tombeau, Sujet religieux, Paysage et Chasseur.*

AQUARELLES

PAR

LOUIS THIÉNON

223 — *Sur la route de la Grande Chartreuse de Grenoble.*

224 — *Sur la route de la Grande Chartreuse de Grenoble.*

225 — *Vue de l'abbaye d'Haute-Combe où sont enterrés les rois de Sardaigne (Savoie).*

226 — *Vue de la tour du château de Chambéry.*

227 — *Dans la forêt de Saint-Germain.*

228 — *Près Saint-Sauveur (Pyrénées).*

229 — *Vue du cours de l'Avon, à Clifton, près Bristol (Angleterre, Pays de Galles).*

230 — *Vue de l'église, à Spa (Belgique).*

231 — *Vue générale de Cologne.*

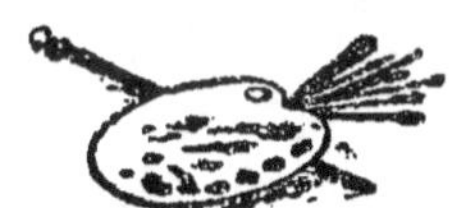